LÉGISLATION INTERNATIONALE

DE L'EMPIRE

DE RUSSIE.

Paris.

Août 1836.

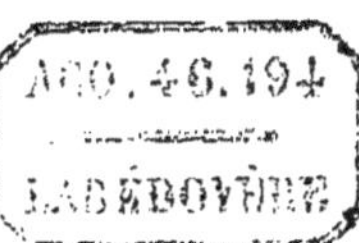

LÉGISLATION INTERNATIONALE

DE L'EMPIRE

DE RUSSIE.

Extrait de la Revue Étrangère et Française de Législation et d'Économie politique.

Lottin de St-Germain, Imprimeur,
rue de Nazareth , nº 1. — 1836.

LÉGISLATION INTERNATIONALE

DE L'EMPIRE

DE RUSSIE.

A mesure que le commerce extérieur s'agrandit, que les rapports de nation à nation gagnent en étendue, que se multiplient les émigrations, les conflits entre la législation étrangère et la législation regnicole deviennent aussi plus fréquens, et la question de savoir, jusqu'à quel point la loi d'un pays est obligatoire dans l'autre, acquiert d'autant plus d'intérêt qu'elle est plus délicate et plus ardue.

Après les travaux des Bouhier, des d'Argentré, des Rodenbourg, Stockmanns et Abraham à Wesel; après les ouvrages plus récens des Mittermaier et des Story, nous ne prétendons nullement traiter ce sujet sous un point de vue scientifique ; nous pensons cependant que, pour l'avantage et la commodité de la pratique, on aurait dû, tout en formulant les principes, songer à leur application, et que, dans cette voie, pour parvenir à un résultat positif, il importe de mettre courageusement la main à l'œuvre, d'extraire de chaque législation les dispositions particulières aux relations internationales, les réunir ensuite dans un ensemble systématique, de manière à présenter, sur la matière, un corps de doctrine complet. L'utilité d'un pareil travail ne saurait être méconnue, même sous l'empire de cette noble et courtoise devise qu'on veut faire adopter à la France : *chacun chez soi, chacun pour soi.* Qu'on y reste fidèle ou qu'on s'en écarte, on peut néanmoins se trouver en contact avec la législation étrangère. Si on contracte avec un étranger, et que l'engagement doive sortir ses effets hors de France, on a sans doute intérêt à connaître les chances probables de l'engagement ; à plus forte raison, un français se trouvant à l'étranger, doit tenir à connaître et les lois locales et celles dont son absence ne l'affranchit pas envers son pays.

Fidèles aux engagemens que nous avons pris envers les lecteurs de la *Revue*, nous offrons, pour quote-part à cette vaste entreprise, l'ensemble des dispositions qui régissent le *russe à l'étranger* et *l'étranger en Russie*. Ce double aspect détermine en même temps le plan et la division du travail.

§ 1er.

RUSSE A L'ÉTRANGER.

LÉGISLATION POLITIQUE.

1. La loi suit le sujet russe, sans distinction d'état, de

rang et de sexe, partout où il réside (Arg. de l'art. 63 des Lois fondamentales).

2. La qualité de sujet russe se perd :

a. Par le séjour à l'étranger, prolongé au-delà de la permission de l'autorité.

b. Par l'expatriation volontaire sans esprit de retour.

c. Par la disparition. Est réputé disparu, tout individu sujet à la capitation, qui, pendant un laps de dix ans, n'a donné aucune nouvelle sur le lieu de sa résidence (Lois pers. IX, 9; rem. 2, 3; suppl. art. 7).

3. Le russe élevé à l'étranger, sans permission spéciale de l'empereur, est inadmissible aux emplois publics (Ukase du 18 février 1831, art. 2, 4).

4. Est réputé élevé à l'étranger, le russe âgé de plus de dix ans, et de moins de dix-huit, qui, dans cet intervalle, a séjourné à l'étranger (*Ibid.*).

5. Le serf, prisonnier de guerre, de retour dans son pays, est émancipé de plein droit et jouit de la faculté de se choisir un état (Lois pers. IX, 705).

LÉGISLATION ADMINISTRATIVE.

Séjour à l'Étranger.

6. Nul, sans distinction d'état, de grade et de sexe, sous quelque prétexte que ce soit, même d'un pélerinage pieux, ne pourra, soit par terre, soit par eau, quitter le territoire de l'empire sans passeport (*Ibid.* 273) (1).

7. Les passeports, pour se rendre à l'étranger, sont dé-

---

(1) La Prusse et l'Autriche se sont engagées, par des cartels d'extradition, à ne pas souffrir l'entrée d'un sujet russe sans passeport (*Ibid.* 434 et 453).

livrés par les gouverneurs généraux, et, en leur absence, par les gouverneurs civils (Régl. des passep. XIV, 245).

8. Le passeport délivré à un sujet russe, porte toujours injonction de retour (*Ibid.* 246).

9. Pour rentrer en Russie, le passeport de sortie est suffisant (*Ibid.* 289).

10. Tout sujet russe, sans distinction de sexe, parti pour l'étranger, en vertu d'un passeport légal, et qui prolongerait son séjour, au-delà de cinq ans s'il est noble, et au-delà de trois ans s'il ne l'est pas, est présumé absent (Ukase du 17 avril 1834, art. 6, 8).

Les effets de l'absence sont exposés aux n°s 35 et suivans, ci-après.

11. Le russe qui rentre sans passeport, et sans pouvoir justifier de son nom et de son origine, est considéré comme vagabond (Régl. des pass. XIV, 301).

12. Les déserteurs réfugiés en Prusse, Autriche et Suède sont extradés, en vertu de cartels convenus avec ces puissances (*Ibid.* 414—457).

13. Les déserteurs et les fugitifs qui rentrent à la suite de manifestes d'amnistie, dans le délai à ce déterminé , ont la faculté, soit de prendre du service à l'armée, soit de retourner à leur ancien domicile, soit de s'inscrire dans les municipalités, soit enfin de se coloniser (*Ibid.* 382, Régl. sur le recr. IV, 336, n°s 3, 4).

14. Les déportés graciés ne peuvent se choisir un état (Sostoianie) différent de celui qu'ils avaient avant la déportation (*Ibid.* 305).

15. Dans les cas ci-après :

Lorsqu'un bâtiment russe a fait naufrage,

Lorsqu'un passager ou matelot à bord d'un bâtiment

russe a été laissé au port pour cause de maladie, et qu'il s'est rétabli,

Lorsqu'un sujet russe quitte un territoire ennemi, et se réfugie auprès d'une puissance amie,

Lorsqu'un prisonnier de guerre retourne dans son pays,

Le consulat russe délivre des passeports aux individus qui se trouvent dans ces différentes catégories, et leur avance la conduite de retour, évaluée à 25 Copeks d'argent par vacation, et à 10 cop. d'arg. par mille d'Allemagne (Régl. du comm. XI, 1546, 1558, 1560. Régl. des pass. XIV, 280, 284).

Au premier cas, ces frais sont considérés comme avancés à la charge du propriétaire du navire (Régl. du comm. XI, 1546).

16. Lorsqu'un passager à bord d'un bâtiment russe, ou un matelot, tombe malade, et est débarqué dans un port étranger, le consul prend soin de le placer dans un hospice, le visite au moins une fois par semaine, et s'enquiert de ses besoins et de la manière dont il est traité. En cas de mort, il prend soin de l'inhumation. Les frais de maladie et des funérailles sont imputables sur la succession ; à son défaut, sur le propriétaire du navire (*Ibid.* 1549).

Droits de douanes.

17. Les sujets russes revenant de l'étranger, sont assujettis, quant aux effets à leur usage, aux mêmes obligations que les étrangers (Arg. du Régl. des douanes, VI, 963).

18. Le ministre des finances est cependant autorisé à laisser entrer en franchise de droits : *a.* Les effets d'un sujet russe revenant de l'étranger, même ceux expédiés séparément, si la valeur des droits ne dépasse pas 3000 rou-

bles. *b*. Les effets d'un sujet russe remplissant à l'étranger des fonctions diplomatiques, sans limitation (*Ibid*. 963).

19. Les bâtimens russes entrant dans les ports de la Baltique, de la mer Noire et de celle d'Azoff, et faisant voile, dans le premier cas, des mers en deçà du Sund, et, dans les deux derniers cas, des mers en deçà des Dardanelles, ainsi que ceux qui entrent dans les ports de la mer Blanche, peuvent importer, en franchise de droits, à titre de provision de bouche, et par homme d'équipage, deux barils de rhum et autres spiritueux; trois barils de porter et bière; un de vin; dix livres de café et une de thé. S'ils font voile des mers en delà de ces deux détroits, ils ne peuvent charger en franchise que la moitié des quantités indiquées (*Ibid*. 417, 420).

20. Les marchands de la troisième guilde ne peuvent importer, à titre d'effets particuliers, comme vêtemens, que des habits confectionnés d'étoffes non prohibées (*Ibid*. 979).

21. Les voituriers revenant de l'étranger ne peuvent importer que des effets de paysans en triple quantité. Quant aux autres objets, ils peuvent en importer au-dessous de cinq roubles d'imposition; les gens d'équipage au-dessous de deux (*Ibid*. 980, 981).

22. Les élèves de l'Institut Pédagogique et les individus envoyés à l'étranger par le gouvernement dans un but scientifique, jouissent, à leur retour, du bénéfice accordé aux savans étrangers (*Ibid*. 1046) (1).

23. Les courriers expédiés par les missions russes sont

___

(1) Franchise de droits jusqu'à la concurrence de 2,000 roub. arg.

assujettis, lors de leur rentrée en Russie, aux formalités suivantes : *a.* Les paquets et dépêches libellés : *expédition officielle* (1), munis du sceau de la mission, enregistrés sur la
feuille des dépêches et adressés, soit à des ministres, soit à
des agens diplomatiques accrédités auprès de la cour impé-
périale, sont affranchis de toute formalité. *b.* Si les paquets
et dépêches, bien que libellés comme ci-dessus, ne sont pas
à l'adresse des personnages susmentionnés, le bureau de
douanes établi à la frontière, les retient et les expédie au
bureau central. *c.* Si les paquets et dépêches sont à l'adresse
desdits personnages, mais n'ont pas le caractère d'*expédition
officielle*, le bureau de la frontière appose les plombs, constate le poids, prélève un cautionnement de 5 roub. d'arg.
par livre brute, et prend du courrier l'engagement de déposer les paquets et dépêches au bureau central. *d.* Les paquets et envois à l'usage de la cour impériale sont, après
apposition des plombs et engagement de les déposer à la
douane centrale, également délivrés au courrier qui en est
porteur (*Ibid.* 975, 1014 et 1018).

24. En traversant la frontière pour se rendre à l'étranger,
les courriers consignent à la douane le papier-monnaie
russe dont ils sont détenteurs et reçoivent un certificat de
dépôt, contre lequel tout autre bureau de la frontière leur
en rembourse la valeur lors de la rentrée (*Ibid.* 1020).

Sujets mixtes.

25. Les propriétaires dont les possessions sont coupées
par la frontière, leurs domestiques et les autres personnes

---

(1) Le texte de la loi donne ces deux mots en français.

habitant avec eux, ont le droit de passer et repasser, avec leurs instrumens aratoires, bestiaux, outils, ainsi que de transporter les moissons, les productions du sol et tous les produits de leur fabrication, d'une partie de la possession ainsi coupée dans l'autre, sans passeport et sans acquitter de redevances quelconques. Cette faculté est restreinte aux productions naturelles ou industrielles du territoire ainsi coupé par la ligne de démarcation, et ne s'étend qu'aux terres appartenant au même propriétaire dans l'espace d'un mille allemand (Régl. des pass. xiv, 258).

26. Hors ce cas, le propriétaire mixte, pour passer la frontière, doit se munir d'un passeport de l'autorité gouvernementale (*Ibid.* 357).

27. Il ne sera pas mis d'entraves aux communications journalières entre les habitans limitrophes (*Grœnzverkehr*) (*Ibid.* 389).

28. Ils ne peuvent cependant rien importer à titre d'effets de passager (Régl. des douanes, iv. 97 1).

LÉGISLATION CIVILE.

Personnes.

Actes de l'état civil.

29. La naissance, le mariage et le décès d'un sujet russe à l'étranger sont constatés au moyen de certificats délivrés par les consuls, dans le cercle de leur juridiction (Régl. du com. xi, 1525. Lois pers. ix, 958—961).

30. Les enfans d'un déserteur, nés à l'étranger, n'appartiennent à aucune classe. Ils doivent, à leur entrée en Russie, se faire inscrire dans des classes payant la capitation, ou bien prendre du service à l'armée (Régl. des pass. xiv, 304).

31. Le décès d'un matelot ou homme d'équipage, à bord d'un bâtiment marchand, est constaté par la déclaration du patron, corroborée par tout l'équipage (Lois pers. IX, 956).

32. Au cas prévu au n° 16 ci-dessus, le consul informe du décès le ministre des affaires étrangères, et, si le décédé appartient à un bâtiment marchand, le département du commerce extérieur (*Ibid.* 959, 960, 961).

35. Un fonctionnaire diplomatique ne peut contracter mariage à l'étranger avec une étrangère, sans permission de l'autorité supérieure (Lois civ. x, 13. Régl. du comm. XI, 1587).

34. La femme russe mariée à un étranger qui n'est pas au service russe, ni naturalisé sujet russe, suit la condition et le domicile du mari (Ukase du 17 (29) avril 1834, art. 4, 9) (1).

Absence.

35. Les biens de l'individu présumé absent (n° 10 ci-dessus) sont confiés à l'administration d'un curateur. Les revenus, prélèvement fait des dettes et d'une pension alimentaire pour la femme et les enfans résidant en Russie, sont versés dans les établissemens de crédit (Ukase du 17 avril 1834, art. 2).

36. Au moment où les biens seront remis à l'administration du curateur, l'absent sera sommé, par une annonce insérée dans les journaux, de se présenter dans le délai de

---

(1) La *Revue étrangère* (t. I, p. 637) a publié les principales dispositions de cet ukase.

six mois, s'il se trouve en Europe, et de dix-huit mois; s'il se trouve dans une autre partie du globe (*Ibid.* art. 3).

37. Si l'absent se conforme à la sommation dans le délai déterminé, ou si, passé ce délai, il justifie que le retard a été occasionné par des obstacles imprévus et insurmontables, les biens lui seront restitués avec les revenus perçus par l'administration.

L'absent qui n'aura pas comparu, sera considéré comme expatrié, et ses biens continueront à être administrés jusqu'à sa mort, pour être ensuite recueillis, dans la voie ordinaire, par les héritiers légitimes (*Ibid.* art. 4, 5).

38. Cinq ans après la disparition, le conjoint délaissé peut s'adresser à l'évêque diocésain, afin de faire prononcer la dissolution du mariage et obtenir l'autorisation d'en contracter un second (Lois civ. x, 34).

39. A la suite de cette demande, et lorsque l'existence du mariage est dûment constatée, l'autorité civile, assistée d'un délégué ecclésiastique, procède à une enquête dans l'arrondissement du domicile, à l'effet de constater l'époque de la disparition, la conduite de l'absent, si le conjoint requérant n'a pas donné lieu au délaissement, enfin, si la résidence actuelle de l'absent n'est pas connue (*Ibid.* art. 35).

40. Si le lieu de la résidence vient à être connu, la demande en dissolution est réputée non avenue; au cas contraire, le consistoire prononce l'arrêt de dissolution, qui, s'il concerne un noble, est préalablement soumis à la ratification du St.-Synode (*Ibid.* art. 36. Suppl. art. 36).

41. Les dispositions ci-dessus ne sont pas applicables aux femmes de soldats; elles ne peuvent être considérées comme veuves que sur l'attestation de la mort du mari, délivrée par l'autorité militaire (Lois civ. Suppl. 34).

Minorité.

42. La tutelle des mineurs laissés orphelins à l'étranger appartient au consul (Lois civ. x. 186).

43. Ce fonctionnaire prend soin de la conservation de la succession, protège la personne du mineur et de la veuve, reçoit et arrête les comptes des créanciers et des débiteurs. Tous les actes par lui faits en cette qualité sont portés sur un registre spécial (*Ibid.* 220, n° 2. Régl. du comm. XI, 1525, n° 4 et 1552).

44. L'incurie des tuteurs ne devant point être imputée au mineur, ce dernier peut, deux ans après avoir atteint sa majorité, s'il se trouve dans l'empire, et trois ans après, s'il habite l'étranger, interjeter appel de tout jugement rendu à son préjudice, quand même le tuteur aurait acquiescé à ce jugement, ou laissé expirer les délais (Lois civ. x. 217. 1917, n° 1).

45. Les délais mentionnés au n° 10, ne commencent à courir contre les mineurs qu'à partir de la majorité (Ukase du 17 avril 1834. Lois civ. x. 160).

Biens.

46. L'étrangère qui se marie à un fonctionnaire diplomatique russe, doit s'engager à aliéner l'immeuble qui pourrait lui échoir, soit comme dot, soit par succession. Cet engagement doit accompagner la demande en autorisation, mentionnée au n° 33. A défaut par la femme d'accomplir cette formalité, le sujet russe doit abandonner la carrière diplomatique (*Ibid.* x. 53).

47. La femme russe mariée à un étranger ne pourra désormais posséder des immeubles en Russie. En consé-

quence, si elle quitte l'empire, elle est tenue d'en opérer la vente dans le délai de six mois. Il est prélevé, comme droit de détraction, dix pour cent sur les capitaux qu'elle exporte (Uk. du 17 avril 1834, art. 9).

48. Cette disposition n'est pas applicable, lorsqu'il existe des enfans d'un mariage précédent avec un sujet russe, et que la mère dispose en leur faveur de tout ou partie de sa fortune immobilière, ou lorsque le mariage a été contracté antérieurement audit ukase (*Ibid*, art. 9, 10).

Modes d'acquérir la Propriété.

Succession.

49. Si un sujet russe meurt à l'étranger, sans héritiers connus et sans avoir nommé d'exécuteur testamentaire, le consul porte cet événement à la connaissance de qui de droit; il concourt aux opérations des autorités locales; il appose, s'il y a lieu, conjointement avec elles les scellés; il prend la succession en dépôt, en fait l'inventaire, la transmet aux ayant-droit et se conforme en tout aux précédens, aux traités, aux lois du pays et aux instructions qu'il reçoit du ministre plénipotentiaire. Il inscrit toutes les opérations de cette nature dans un registre à ce destiné (Lois du comm. XI. 1551).

50. S'il s'ouvre une succession à laquelle un absent ait droit, il sera sommé de se présenter, par un avis inséré dans les journaux (Lois civ. X. 762).

51. Six mois après la dernière de ces sommations, la succession est dévolue aux héritiers présens, sans préjudice de l'action en pétition d'hérédité, que l'héritier absent peut faire valoir contre les héritiers envoyés en possession,

mais aussi sans que ces derniers soient obligés de rendre compte de leur gestion, ou de restituer les revenus par eux perçus (*Ibid.* 764, 801).

52. A défaut d'héritiers présens, les biens de la succession sont confiés à l'administration d'un curateur (*Ibid.* 765).

53. Dans ce dernier cas, si l'héritier absent se présente avant l'expiration de dix ans, à partir de la dernière publication, en justifiant de ses droits, les biens de la succession lui sont restitués avec tous les revenus perçus, déduction seulement faite des frais de gestion, qui, dans aucun cas, ne peuvent dépasser un pour cent du revenu (*Ibid.* 766).

54. Après l'expiration de dix ans, la succession est irrévocablement acquise au fisc (*Ibid.* 767).

Testamens.

55. Les testamens des militaires et des individus employés dans les armées, en temps d'expédition, peuvent être reçus par la chancellerie du régiment, et ils produisent les mêmes effets que les testamens reçus par acte authentique. Ils sont affranchis du timbre (*Ibid.* 650.)

56. Les testamens faits sur mer, dans le cours d'un voyage, sont reçus, savoir : *a.* A bord d'un bâtiment de l'état, par le capitaine, en présence de deux témoins. *b.* A bord d'un bâtiment de commerce, par l'écrivain du navire, également en présence de deux témoins (*Ibid.* 651, 652, 653).

57. Lesdits testamens seront signés par le testateur et par le dépositaire. Si le testateur ne sait pas signer, il en est fait mention (*Ibid.* 654, 655).

58. Dans les autres cas, un sujet russe résidant à l'étranger peut faire le testament d'après les formes du pays où

il se trouve. L'expédition est visée par la mission ou par le consulat de l'empire (*Ibid.* 656).

59. Ce testament, s'il dispose d'un immeuble situé en Russie, ne peut être mis à exécution qu'après avoir été enregistré au greffe du tribunal du domicile du testateur ou de la situation de l'immeuble (*Ibid.* 657).

Contrats.

60. Les actes des militaires en expédition sont dressés dans les chancelleries du régiment et visés par le commandant; ceux faits à bord d'un navire de guerre en course, sont dressés par l'écrivain du navire, corroborés par les officiers et portés sur le registre du navire (*Ibid.* 542, 543).

61. Les actes des employés aux missions russes à l'étranger, sont visés par le ministre plénipotentaire (*Ibid.* 544).

62. Tout autre acte passé à l'étranger doit, pour avoir force obligatoire en Russie, être revêtu du visa et du sceau du consul, qui l'inscrit sur un registre tenu à cet effet, et qui, de plus, dans ses rapports hebdomadaires au ministre des affaires étrangères, indique la teneur de l'acte, sa date, les noms des parties et enfin la date de sa légalisation (*Ibid.* 545. Régl. du comm. XI, 1528).

63. Tout acte passé à l'étranger, relatif à un immeuble situé en Russie, doit, pour obtenir la force d'un acte translatif de propriété, être enregistré au greffe du tribunal compétent, dans le délai de six mois, après le retour de son auteur ou l'envoi de l'acte. L'autorité judiciaire, après en avoir reconnu la validité, perçoit le droit de mutation et délivre au poursuivant une expédition authentique de l'acte, laquelle sert de titre aux démarches ultérieures (Lois civ. X, 546. Régl. de l'enreg. V, 376).

64. Les billets et actes d'emprunt souscrits à l'étranger, doivent, pour obtenir force légale dans l'empire, être enregistrés au bureau de l'autorité compétente. A cet effet, le poursuivant produit, avec l'original de l'acte, une copie faite sur timbre correspondant au principal de l'emprunt, et il en fait mention sur l'original (*Ibid.* 142).

65. Les procurations données à l'étranger, à l'effet d'hypothéquer un immeuble à un établissement de crédit, ou de toucher des fonds d'un de ces établissemens, sont assujetties aux règles ci-après : Si la procuration est donnée par un militaire en expédition, l'acte est passé dans la chancellerie du régiment, visé par le commandant et muni du sceau du régiment. Si le mandant est attaché à une mission, l'acte est passé dans la chancellerie de la mission et visé par le ministre (Lois civ. X, 1454. Régl. du crédit. XI, 261).

66. L'acte passé à l'étranger, d'après les formes qui y sont en vigueur, bien que non conforme au mode adopté en Russie, sera néanmoins admis à faire preuve, jusqu'à la production de moyens propres à en infirmer l'authenticité (Suppl., art. 546).

67. Les actes et documens écrits en langue étrangère ne seront admis à faire preuve que conjointement avec la traduction sur papier timbré (Lois civ. X, 1744, 2296. Régl. de l'enreg. V, 11. Régl. du comm. XI, 1146).

68. Les dispositions particulières à la vente, à l'étranger, des navires de commerce, sont exposées dans le paragraphe concernant la législation commerciale.

Prescription.

69. Lorsque le cours de la justice se trouve interrompu

(*jurisstitium*), la prescription ne court pas contre les militaires en expédition (Lois civ. x, 1659).

70. Le délai pour enregistrer un testament, à l'égard de ceux qui résident à l'étranger, est de deux ans à partir du décès; passé ce délai, le testament est considéré comme non avenu. Ce délai n'est pas fatal (*Ibid.* 643, 646, 647, 653).

71. La procuration donnée à l'étranger pour vendre ou hypothéquer un immeuble, n'a force et valeur que pour deux ans (*Ibid.* 1446).

Actions.

72. Si le domicile ainsi que la résidence du défendeur sont inconnus, il est assigné édictalement (*Ibid.* 1709).

73. La citation édictale renferme la substance de la demande (*Ibid.* 1710).

74. Le défendeur résidant à l'étranger, qui, dans le délai d'une année, ne constitue pas de mandataire, succombe dans la contestation, à moins que l'affaire ne soit susceptible d'être jugée sur pièces (*Ibid.* 1711).

75. Le russe qui se trouve à l'étranger est justiciable des tribunaux du pays, dans ses contestations avec les indigènes, s'il n'y a pas d'exceptions stipulées dans les traités (*Ibid.* 2294, 2295).

76. Les jugemens des tribunaux étrangers ne sont pas exécutoires sur les immeubles situés en Russie. En conséquence, le demandeur doit intenter son action devant le tribunal de la situation de l'immeuble litigieux, et, à cet effet, constituer un mandataire, ou se présenter en personne (*Ibid.* 2294).

77. Dans les contestations en finage, les parties résidant

à l'étranger jouissent, pour la production des titres, d'un délai de deux ans (*Ibid.* 2226, n° 2).

78. L'interruption du cours de la justice suspend les poursuites judiciaires contre les militaires en expédition, qui n'ont pas constitué de mandataire (*Ibid.* 1613).

79. Le mode de procéder dans les contestations en matière de commerce, est exposé au paragraphe relatif à la législation commerciale (*Ibid.* 2295).

LÉGISLATION COMMERCIALE.

Commerce maritime.

80. L'institution du consul a pour but de protéger et de favoriser le commerce extérieur. A cet effet, il doit posséder des renseignemens complets sur les bâtimens russes qui entrent dans les ports de sa juridiction et qui en sortent; il surveille les relations entre les commerçans et les patrons des navires; il entretient parmi eux une bonne intelligence; il les secourt en cas de malheur, les protége contre l'oppression, les aide de ses conseils et de ses services; il fait connaître à ceux qui arrivent pour la première fois, les réglemens locaux, surtout en ce qui concerne les marchandises dont l'exportation ou l'importation est prohibée; en un mot, il prend sous sa protection les personnes, navires, biens, droits et franchises des commerçans russes à l'étranger (Régl. du comm. XI, 1533–1538).

81. Le patron, à son arrivée, est tenu de présenter au consul : l'acte de propriété du navire; l'acte de russisation (1); le procès-verbal de visite; les connaissemens et

---

(1) Nous croyons pouvoir adopter ce terme pour désigner le *droit d'arborer le pavillon marchand Russe*, en nous fondant sur l'autorité du Code du commerce français (art. 226).

chartes-parties; le rôle d'équipage; et de lui déclarer son
chargement. Il ne peut refuser l'inspection du registre du
navire, si le consul l'exige (*Ibid.* 1535).

82. La vente des bâtimens russes dans les ports étrangers
est assujettie aux règles ci-après : *a.* La vente peut être faite,
soit à un sujet russe, soit à un indigène. *b.* Elle ne peut être
faite sans la participation du consul, qui doit s'assurer que
le patron a autorisation de vendre, que les papiers de bord
sont en règle et que le prix est proportionné à la valeur.
c. Dans les ports où il n'y a pas de consul, la vente se fait
avec le concours des autorités locales, sous la réserve de
transmettre les papiers de bord au plus proche consul, qui,
de son côté, les fera passer au département du commerce
extérieur. *d.* L'équipage est mis à la disposition du consul,
à l'effet d'être renvoyé au port de l'engagement, aux frais
du propriétaire, et avec la totalité des gages, à moins qu'il
ne préfère s'engager sur un autre bâtiment russe. *e.* La con-
travention aux dispositions ci-dessus est punie d'une amende
de un pour cent du prix de la vente (Régl. des douanes, VI,
900. Régl. du comm. XI, 552, 554, 559, 718, 1540).

83. Lors du départ, le patron est tenu de déclarer, au consulat, la destination du bâtiment, la nature du chargement et
les dépenses qu'il a été dans le cas de faire pour le compte du
propriétaire. Il lui est délivré un certificat constatant l'époque de l'arrivée et du départ, les dates des déclarations
faites au consulat, les lieux d'où il arrive et où il se dirige,
le nom du propriétaire de la cargaison, sa nature et valeur
(*Ibid.* 1541).

84. Si le bâtiment éprouve une avarie dans le port où se
trouve un consul ou dans le rayon sur lequel s'étend sa juridiction, et qu'il y ait sur les lieux un correspondant du pro-

taire du bâtiment, le consul doit s'associer aux démarches de ce dernier et lui prêter aide et secours. A défaut de correspondant, le consul le remplace et prend les mesures nécessaires pour sauver, autant que possible, le navire et la cargaison, pour conserver l'un et l'autre et pour empêcher que le patron ne soit lésé sous le prétexte de frais de sauvetage. A cet effet, il se met en rapport avec l'autorité locale (*Ibid.* 1542, 1543).

85. Si l'avarie arrive hors de ce rayon, le consul est tenu de vérifier si le patron a fait, au premier port de relâche, sa déposition sous serment par devant notaire, ou par devant l'autorité locale (*Ibid.* 1544).

86. Dans tous les cas, il est dressé procès-verbal, dont une expédition est envoyée au département du commerce extérieur, l'autre au propriétaire du navire.

87. Dans les avaries simples, le consul constate l'étendue du dommage, contrôle les frais de radoub, prend soin que les décomptes de ces frais soient faits d'après les principes exposés dans le *Traité des assurances et des contrats à la grosse*, publié par Emérigon (Paris, 1784, 2 vol.); il les vérifie, et s'il les trouve conformes à ces principes, il les approuve (*Ibid.* 1547).

88. Dans les grosses avaries, la constatation des pertes et leur estimation se fait par experts (*Ibid.* 1548).

89. Si, pour le salut du navire, le patron a été obligé de jeter en mer un partie du chargement, il en fait sa déclaration circonstanciée au consul, en indiquant la quantité, la nature et la valeur approximative des marchandises jetées à la mer. Le consul inscrit la déclaration sur ses registres et en transmet l'expédition au département du commerce extérieur, ainsi qu'aux ayant-droit (*Ibid.* 1548).

Contestations.

90. Le consul prononce sur les contestations entre le patron et les gens de l'équipage, d'après les principes établis par l'ordonnance de la marine de Louis XIV (1), jusqu'à ce qu'il en soit autrement ordonné. Pour mettre sa décision à exécution, il s'adresse à la mission russe, et, à son défaut, aux autorités locales (*Ibid.* 669, 1571).

91. En cas de mutinerie pendant la navigation, le consul, après examen, prononce la condamnation et détermine la peine (*Ibid.* 709).

92. Si un matelot déserte le bâtiment, le consul réclame l'assistance de l'autorité pour s'en saisir, et, s'il y parvient, il le remet au patron, sinon le fait embarquer sur le premier navire qui fait voile pour la Russie (*Ibid.* 1554, 1555).

93. Hors le cas de vente du bâtiment, le patron ne peut congédier tout ou partie de l'équipage, à moins d'un cas grave et du consentement du consul (*Ibid.* 718, 719).

94. Le consul est arbitre de droit dans les différends qui s'élèvent entre les commerçans russes établis ou résidans dans le rayon de sa juridiction (*Ibid.* 1518, 1572).

LÉGISLATION PÉNALE.

95. Le sujet russe résidant à l'étranger, et qui y commet

---

(1) Ce n'est pas sans intérêt, que nos lecteurs français apprendront l'hommage que le législateur russe a rendu à la science et à la législation de leur pays. La disposition, qui attribue force obligatoire au Traité d'Emerigon et à l'ordonnance de Louis XIV, est de 1820. Pourquoi les a-t-on préférés au Code de commerce ? Nous l'ignorons.

Un fait semblable se passa en Pologne en 1775 ; la diète attribua force de loi au Traité de *Heineccius* sur les lettres de change.

une infraction est jugé et puni d'après les lois du pays où le crime a été commis (Lois pén. xv, 176. Circulaire ministérielle du 3 mai 1833) (1).

96. Si l'infraction est commise en Turquie ou en Perse, au préjudice d'un sujet russe, le ministre, chargé d'affaires ou consul de Russie, juge et prononce, d'après les lois de l'empire. Si la partie lésée est un indigène ou un étranger l'affaire est jugée par l'agent diplomatique russe, contradictoirement avec l'autorité locale. Dans les deux cas, le condamné est livré aux autorités de l'empire pour y subir sa peine (*Ibid.* 177).

97. Les russes qui résident en Chine, et les chinois qui se trouvent en Russie, coupables d'attentats aux lois du pays, sont réciproquement extradés (*Ibid.* 178).

98. Le sujet russe, coupable d'une infraction ou de complicité d'une infraction commise à l'étranger, et qui se réfugie en Russie, ou dont le gouvernement étranger a opéré l'extradition, est jugé et puni d'après les lois de l'empire (*Ibid.* 179).

99. Si le sujet russe, prévenu d'une infraction commise

---

(1) Voici le texte de cet important document : « Tout étranger est soumis aux lois et justiciable de ses actions devant les tribunaux du pays où il se trouve. Ce principe, le gouvernement impérial l'a constamment suivi à l'égard des étrangers qui viennent en Russie, et il n'entend point en excepter ses propres sujets qui se rendent à l'étranger. Nous n'établissons, sous ce rapport, aucune différence entre les crimes et délits qui rentrent sous les dispositions du droit commun, et les soi-disant délits politiques. Lorsque des individus vont conspirer contre l'ordre des choses existant et contre la tranquillité de l'état qui leur accorde l'hospitalité, ils rompent tous les liens qui les attachent à la société et se rendent indignes de la protection de leur propre gouvernement. »

en Russie, se réfugie à l'étranger, son extradition est de—
mandée d'après le teneur des traités (*Ibid.* 180. Régl. des
pass. XIV, 435, n° 4; 449, 450) (1).

---

(1) Des traités d'extradition ont été conclus entre la Russie, l'Autriche, la Suède et la Turquie.

§. II.

ÉTRANGER EN RUSSIE.

LÉGISLATION POLITIQUE.

Dispositions générales.

100. Tout individu sujet d'une puissance étrangère, qui n'est pas naturalisé russe, est réputé étranger (Lois pers. IX.890).

101. Les enfans nés en Russie, d'un étranger qui y est entré au service public, sont considérés comme des indigènes (*Ibid.* 891).

102. Tout étranger muni d'un passeport légal, peut librement entrer en Russie, y séjourner et en sortir, s'il n'a pas été fait d'exception à l'égard du pays auquel il appartient (*Ibid.* 892. Suppl.).

103. Pendant tout le temps de son séjour, il est soumis, quant à sa personne et ses biens, aux dispositions des lois russes et a droit à leur protection (*Ibid.* 902. Lois fond. 63).

104. L'étranger naturalisé ou résidant temporairement en Russie, jouit du libre exercice de son culte religieux (Lois fond. 44. Régl. préventif, XIV. 68).

105. L'étranger n'est pas admissible aux emplois publics; sont exceptés : *a.* les emplois militaires ; *b.* le professorat ; *c.* la profession de médecin et de pharmacien. (Statuts org. III. 5. Suppl. Lois pers. IX. 904).

106. L'étranger qui, par son zèle et son attachement à l'empire russe, a attiré l'attention du souverain, est susceptible d'être décoré (Stat. org. I. 2205, n° 4).

107. Les dotations et rentes affectées aux ordres impériaux, ne profitent point à des fonctionnaires étrangers honorés de ces distinctions. L'étranger décoré au service de Russie ne peut en jouir hors des limites de l'empire (*Ibid.* 2295, 2296).

108. Les décorés étrangers sont dispensés de toute rétribution pour le brevet (*Ibid.* 2297).

109. Il n'est donné aucune suite aux pétitions et requêtes adressées à l'autorité supérieure par des étrangers résidant hors du territoire de l'empire, lorsqu'elles concernent : *a.* les réclamations et répétitions qui n'ont pas été l'objet de poursuites judiciaires ; *b.* les réclamations contre des sentences et jugemens confirmés par l'empereur, sauf le cas d'allégation de circonstances donnant ouverture à la rétractation du jugement ; *c.* les demandes en récompense d'anciens services ; *d.* les demandes de secours formées par des personnes qui n'ont pas rendu de services au gouvernement russe ; *e.* les requêtes sans indication de domicile (Stat. org. I. 114 ; appendice, n° 15, 16).

110. Les restrictions auxquelles sont soumis les étrangers, quant à l'acquisition d'immeubles, la succession, la capacité de déposer comme témoins, l'exercice du commerce et de l'industrie, sont exposées ci-après aux n°s 202, 206, 217, 228 et suiv., 241 et suiv., 261.

Naturalisation (1).

111. Tout étranger domicilié ou résidant en Russie, peut demander à être naturalisé (Lois pers. IX, 915).

---

(1) Il est à observer que le terme de *naturalisation* est inconnu à la législation russe, laquelle se sert des expressions *assumer à perpétuité la sujétion*. La clause de perpétuité est purement comminatoire.

112. Sont exceptés : *a.* les hébreux; *b.* les sujets autrichiens non pourvus d'autorisation de leur gouvernement (*Ibid.* 893, 915).

113. La naturalisation s'étend à tous les enfans du naturalisé ou à ceux d'entr'eux, qu'il aura indiqués dans la déclaration qu'il est tenu de faire à cet égard (*Ibid.* 916).

114. La naturalisation s'opère par la prestation du serment de sujétion dont voici la formule :

« Je, N. N., ancien sujet de N., promets et jure devant Dieu tout-puissant, que je veux être à perpétuité, avec ma famille, sujet fidèle, bon et obéissant, du très auguste et très puissant empereur Nicolas Pavlovitch, autocrate de toutes les Russies, etc., etc., et de l'héritier du trône impérial de toutes les Russies, S. A. I. le grand duc Alexandre Nicolaevitch ; que je n'irai dans aucun pays étranger sans permission de S. M. I. ; que je n'entrerai au service d'aucune puissance étrangère ; que je n'aurai avec les ennemis de S. M. I. aucune correspondance coupable; que je n'entretiendrai aucune intelligence illicite au dehors comme au dedans de l'empire russe; qu'en aucune manière je n'agirai contrairement au devoir de fidèle sujet de S. M. I ; que je respecterai et défendrai de tous mes moyens et de tout mon pouvoir les droits et prérogatives appartenant à la sublime autocratie, à la puissance et à l'autorité de S. M. I., déjà constitués ou qui le seraient dans l'avenir, le tout au péril même de ma vie ; et qu'en outre, je m'efforcerai de tout mon pouvoir de seconder tout ce qui, en toute circonstance, peut concerner le service dévoué de S. M. I. et l'avantage de l'état. Je prends l'engagement d'avertir non seulement l'autorité de tout ce qui pourrait porter dommage, détriment ou préjudice aux intérêts de S. M., aussitôt que j'en aurai eu connaissance, mais encore de l'écarter et de l'empêcher par tous les moyens possibles; s'il m'est confié une affaire quelconque, regardant le service de S. M. I., avec ordre de la tenir secrète, je la conserverai dans un secret absolu et ne la dévoilerai à nul à qui il n'appartiendrait pas d'en avoir connaissance, ou à qui il ne m'aurait pas été ordonné d'en faire part. Voilà ce que je dois et veux fidèlement observer, et qu'en cela le Seigneur Dieu tout-puissant m'assiste spirituellement et corporellement; sur quoi je baise les saints évangiles et la croix de mon sauveur; amen » (*Ibid.* 917 append.).

115. Le serment est prêté devant l'administration gouvernementale, conformément au rite de l'impétrant. S'il ne connaît pas la langue russe, il prête serment dans sa langue, et signe ensuite la formule du serment en deux originaux, dont l'un reste dans les archives de l'administration gouvernementale, l'autre est transmis au sénat, pour y être conservé (Lois fond. 34; Stat. org. II. 320, n° 3. Lois pers. IX. 919).

116. Tout étranger naturalisé doit se choisir une condition civique et un état (*Ibid.* 922, 928, n° 4).

117. Il jouit, à l'égal de l'indigène, de tous les droits de la condition civique à laquelle il est agrégé (*Ibid.* 927).

118. Les difficultés concernant la naturalisation sont de la compétence du sénat (Lois org. I. 277, n° 3).

119. Le naturalisé russe peut, en tout temps, rentrer dans son pays et se dénaturaliser. En ce cas, il est tenu de vendre sa fortune immobilière, de payer trois années d'impositions affectées à la condition civique dont il fait partie, et d'acquitter les droits de détraction des capitaux et valeurs qu'il exporte (Lois pers. IX, 929. Suppl.).

Princes étrangers alliés à la maison impériale.

120. Le prince étranger, marié à une grande-duchesse ou à une duchesse de la maison impériale, qui désire se fixer en Russie, est tenu de s'engager, pour lui et ses descendans, à observer les lois de l'empire, en tout ce qui concerne les successions et partages, ainsi que les lois et statuts de la maison impériale (Lois fond. 149, n. 5).

121. Il jouit, pour lui et ses descendans, aussi longtemps qu'il réside en Russie, de la faculté d'acquérir des biens immobiliers et d'en disposer à son gré (*Ibid.* 175 et 176).

122. En cas de départ sans esprit de retour, il est tenu de vendre ses biens acquis ; les biens patrimoniaux sont soumis au retrait de famille, et, en cas d'extinction de la famille, ils font retour au domaine de la couronne, contre paiement, dans l'un comme dans l'autre cas, du tiers de leur valeur (*Ibid.* 176, 179).

123. A l'ouverture de la succession, le prince étranger participe, d'après la loi commune, à la dot et aux apports de son épouse ($\frac{1}{7}$ des immeubles, $\frac{1}{4}$ des meubles. *Ibid.*, 194. Lois civ. x. 717, 722).

124. Dans le cérémonial de cour, les princes étrangers, mariés à des grandes-duchesses et duchesses de la maison impériale, conservent le rang qui leur est personnel : ainsi, le prince royal suit l'héritier du trône impérial ; l'altesse royale a le rang des membres de la famille impériale, qui portent le titre d'altesse impériale ; l'altesse a le même rang que les ducs de la famille impériale (*Ibid.* 106).

125. Les membres des maisons régnantes et souveraines sont essentiellement aptes à être décorés des ordres impériaux de Russie (Stat. org. I. 2205, n. 2).

LÉGISLATION ADMINISTRATIVE.

Police des Passeports.

Entrée.

126. Nul ne peut être admis en Russie s'il n'est muni d'un passeport légal, délivré par un ministre, agent diplomatique ou consul russe, et, dans le cas où il n'y en aurait pas sur les lieux, par l'administration supérieure du pays (Régl. des douan. VI, 938. Lois pers. IX, 894. Régl. des passep. XIV, 278, 287).

127. Sont exceptés :

a. Les fonctionnaires attachés aux missions étrangères en Russie, ainsi que les courriers des puissances étrangères, munis des passeports de leurs propres cours ou ministres (Régl. des douanes VI, 939).

b. Les sujets mixtes, munis d'un passeport de l'autorité gouvernementale (Lois pers. IX, 896. Régl. des passeports XIV, 357).

c. Les bateliers, artisans et gens de peine, arrivant d'Autriche, par le Dniester, munis des certificats du chef d'arrondissement (*Ibid.* 296).

d. Les individus venus de l'étranger, sur l'invitation du gouvernement, pour se coloniser en Russie. Ils sont munis, par la garde frontière, d'un certificat spécial constatant l'époque d'arrivée, l'endroit d'où ils arrivent et une désignation détaillée des personnes composant leur famille. Ce certificat leur sert de passeport pour se rendre dans l'empire et se choisir l'état de marchand, d'artisan ou de colon. La durée de ce certificat, après enregistrement au tribunal terrestre, est de neuf mois (*Ibid.* 309, 314. Lois pers, IX, 897, 898, 900).

128. Les missions russes ne délivrent pas de passeports :

a. A des ecclésiastiques qui refusent de donner une déclaration par écrit, qu'ils n'appartiennent point, et n'ont jamais appartenu à la société des Pères de Jésus (Régl. des pass. XIV. 285).

b. A des artisans et gens de basse condition, qui ne justifient pas de la possession de dix thalers au moins (Circulaires du 9 mars et 11 mai 1835).

c. Aux personnes allant en qualité d'instituteurs ou d'institutrices, sans autorisation préalable.

129. Tout étranger, arrivant en Russie, doit déclarer, à la douane frontière, ses noms, état, lieu de départ et de destination, et faire viser son passeport. Il lui est délivré, sur timbre de 50 cop., un certificat constatant l'accomplissement de cette formalité (Régl. des douan. VI. 935-943. Régl. des pass. 298-300).

130. L'expédition frontière doit se faire en tout temps, et celle des courriers sans le moindre délai (Régl. des douan. VI. 941, 942).

131. Tout étranger, à son arrivée en Russie, doit se soumettre aux réglemens sur la quarantaine (Régl. des pass. XIV. 307. Régl. sanit. XIII. 497, 503, 539, 542, 544).

132. L'étranger qui se présenterait à la frontière russe sans passeport, est renvoyé. Si l'autorité frontière étrangère refuse de le recevoir, il est considéré comme vagabond (Régl. des pass. 306).

Séjour.

133. Tout étranger, après avoir franchi la frontière, doit, à l'effet de continuer son voyage dans l'intérieur de l'em-

pire, se présenter dans le premier chef-lieu de gouvernement, au gouverneur civil, et lui remettre son passeport en
échange d'un billet de route (*poutevyi vid*), lequel doit être re-
présenté dans chaque chef-lieu qu'il trouve sur sa route. Ar-
rivé au lieu de sa destination, l'étranger doit encore se présenter au gouverneur civil et échanger son billet de route
contre un permis de séjour. Dans les deux capitales, les
permis de séjour sont délivrés au bureau des étrangers, faisant partie de la chancellerie du gouverneur militaire. Le
passeport étranger est conservé à la 2ᵉ section de la chancellerie personnelle de l'empereur, pour être restitué au
voyageur lors de son départ, s'il le réclame (*Ibid.* 342 ; 343.
App. xix. Lois pers. ix, 895).

134. La durée d'un permis de séjour est d'un an. Il doit
être renouvelé à son expiration, faute de quoi le contreve-
nant est passible d'une amende de deux roubles par chaque
jour de retard (Régl. des pass. xiv. 344, 346).

135. Les femmes et enfans d'étrangers, demeurant à part,
sont tenus de se munir de permis spéciaux distincts (*Ibid.*
350).

136. Avec le permis de séjour, il est délivré une instruc-
tion en français, en allemand, en anglais ou en italien, au
choix de l'impétrant, laquelle indique succinctement les formalités à observer lors du séjour et du départ (*Ibid.* 353).

137. Le coût d'un billet de route et permis de séjour est
de 50 cop. ass.; celui de l'information, de 25 cop. ass. (1).
(*Ibid.* 344, 345. Régl. de l'enregistrement. v. 37, n. 8.).

138. L'étranger arrivant en Russie pour s'y faire inscrire

(1) A peu près dix sous et cinq sous.

dans une des corporations comme bourgeois, marchand ou artisan, est pourvu, par les chambres de finances, d'un passeport de quatre mois, lequel tient lieu de permis de séjour. Si, dans ce délai, l'inscription n'a pu s'effectuer, le passeport est renouvelé. Le coût du passeport est de deux roubles (*Ibid.* 39, n. 4. Régl. des pass. XIV. 83, 85).

139. L'étranger, pendant son séjour, est soumis, quant à sa conduite et ses moyens d'existence, à la surveillance de la police municipale (Statut org. II, 707, 932, n. 5. 938).

Départ.

140. Aucun individu, quel que soit d'ailleurs son état, son rang ou son sexe, ne peut, sous quelque prétexte que ce soit, s'embarquer pour l'étranger, ou quitter par terre, le territoire de l'empire, s'il n'est porteur d'un passeport (Régl. des douan., VI, 938. Régl. des pass. XIV, 273).

141. Les passeports pour quitter le territoire de l'empire sont délivrés par les gouverneurs-généraux, et, en leur absence, par les gouverneurs civils. Ils ne portent point injonction de retour (*Ibid.* 245-249).

142. Les passeports de sortie sont de deux espèces : ceux qu'on délivre à des étrangers de distinction, indiquent seulement les noms et titres du porteur; les autres indiquent le nom, la profession, l'origine, le signalement et le terme de validité. Le second feuillet porte la traduction en allemand. La rétribution est de 1 rouble 50 cop. ass. (*Ibid.* 269-272).

143. Seront, quant à la délivrance des passeports, observées les règles ci-après :

La demande en délivrance sera adressée au chef de l'administration gouvernementale, et accompagnée d'un certificat de police , constatant qu'il n'y a pas d'empêchement légal au départ.

Simultanément et à la diligence du requérant, il est inséré, à trois reprises, dans les journaux du lieu, s'il s'en publie, un avis annonçant l'intention du départ ; après quoi, s'il n'y a pas d'obstacle légal, le chef de l'administration gouvernementale fait délivrer le passeport sans délai (*Ibid.* 250).

144. Les passeports pour l'étranger, délivrés dans l'intérieur de l'empire, sont valables pour six mois : ceux délivrés dans les gouvernemens frontières, pour trois semaines. Passé ce délai, le requérant est tenu de se procurer un passeport nouveau (*Ibid.* 258).

145. Les sujets autrichiens arrivant pour affaires de commerce, dans les villes frontières, peuvent repasser la frontière avec les passeports d'entrée, dès que ces derniers portent le *visa* requis (*Ibid.* 264).

Choix de Condition civique et de Profession.

Noblesse.

146. Pour être admis à la classe des nobles, il faut, outre la justification de la qualité de noble étranger et la prestation du serment de sujétion, avoir rendu des services à l'empereur ou à l'état, ou bien obtenir les grades de service ou distinctions octroyant de plein droit la noblesse (Lois pers. IX. 22, 923).

147. Le naturalisé russe, admis à la classe des nobles, a la faculté de désigner le gouvernement dans le livre nobiliaire duquel il désire être porté ; à cet effet, il est ouvert, dans chaque livre nobiliaire, une section spéciale destinée

aux nobles étrangers honorés de l'indigénat russe (*Ibid.* 968, 973).

Bourgeoisie notable.

148. Les savans, les artistes, les négocians et entrepreneurs de grands établissemens industriels, naturalisés russes, peuvent être admis à la classe des bourgeois notables. Ceux qui ne sont pas naturalisés, ne peuvent y être admis que d'autorisation suprême (*Ibid.* 368, 910).

Bourgeoisie.

149. L'inscription à la classe des bourgeois s'opère d'autorisation du sénat, à la suite d'une requête présentée à la chambre des finances, et sur le consentement de la corporation des bourgeois dans les villes privilégiées. A cet effet, un délai de neuf mois, à partir de son arrivée, est laissé à l'étranger qui manifeste, lors de son entrée dans l'empire, le désir de s'y naturaliser (*Ibid.* 243, 921, 924. Suppl. 925, 999).

150. L'inscription définitive de l'étranger naturalisé, aux maîtrises et jurandes, ne peut avoir lieu que d'autorisation du sénat et sur la présentation de la chambre des finances (Régl. des manuf. XI. 355).

151. Nul étranger ne peut y être inscrit que sur l'exhibition d'un certificat du consistoire étranger, portant qu'il appartient, avec sa famille, à une communion chrétienne (*Ibid.* 355. Suppl.).

Colonat.

152. L'inscription à la classe des colons, soit dans les domaines de la couronne, soit dans ceux de l'état, a lieu sur l'autorisation des chambres de finances (Lois pers. IX. 393, 394, 926).

153. Les étrangers arrivant de l'étranger, pour fonder des

colonies, sont soumis à un réglement particulier (*Ibid.* 400).

154. Les prisonniers de guerre sont admis à s'établir à perpétuité en Russie, après prestation du serment de sujétion. Ils doivent, dans l'espace de deux mois, à partir de la naturalisation, se choisir une des conditions civiques de bourgeois ou de colon et une profession. Ils sont, pour dix ans, affranchis de toutes impositions et prestations. Ils ne peuvent se domicilier que dans les gouvernemens de la grande Russie, à l'exception des deux capitales (*Ibid.* 928. Supp. Régl. des contrib. v. 319. Suppl.).

Service public.

155. L'étranger naturalisé, qui a justifié de son extraction noble, est admis à prendre du service public, en commençant par la troisième classe des expéditionnaires.

156. Le médecin et pharmacien qui veut obtenir un emploi rétribué, est tenu de se faire naturaliser (Stat. org.III, 5. Suppl. 33. Supp. Lois pers. IX, 904. Supp. Régl. sanit. XIII, 68.).

157. L'étranger est admissible aux pensions de retraite et de vétérance, à l'égal de l'indigène (Stat. org. III. 1378).

158. Cette disposition est applicable aux artistes dramatiques étrangers, engagés pour les théâtres impériaux. Lorsqu'ils ont exercé leur profession pendant 10 ans, sans interruption et d'une manière irréprochable, ils ont droit à une pension de 2,000 roubles, si leur traitement dépassait cette somme, et de 1,000 roubles, lorsque le traitement était au dessous. Lorsqu'après un exercice de 5 ans, l'âge, le dérangement de santé ou une infirmité accidentelle les rend incapables de continuer, ils ont droit au tiers de la pension de retraite correspondante à leurs appointemens. Les con-

gés dépassant deux mois, sont déduits du temps requis pour donner ouverture au droit à la pension de retraite (*Ibid.* Suppl. 1552, 1553, 1558).

159. L'étranger qui quitte la Russie, est déchu de sa pension de retraite, à moins d'une autorisation suprême. Sont exceptés les artistes dramatiques étrangers, admis à la retraite (*Ibid.* 1560. Circ. min. du 15 mars 1835).

Impositions et Prestations.

160. Les étrangers non naturalisés résidant temporairement, sont affranchis de la capitation, du recrutement et des corvées (1). (Régl. du recr. IV, 3503. Régl. des contrib. V, 12, n° 16.)

161. En sont également affranchis les étrangers naturalisés, qui exercent la profession de bergers et pasteurs, ou celle de fabricans de draps (*Ibid.* 12, n. 15).

162. Il est dérogé à la loi commune qui fixe l'époque de la perception des droits de mutation par testament, au moment de l'entrée en jouissance du légataire. Lorsque des capitaux ou immeubles appartenant à un étranger, se trouvent légués, également à un étranger, ces droits sont perçus lors de l'enregistrement du testament (Régl. de l'enreg. V. 369).

163. Les impositions et charges auxquelles est soumis l'étranger commerçant ou industriel, sont exposées ci-après (n°ˢ 231, 233, 241, 247).

164. Au cas d'exportation ou de transfert hors des frontières, des biens provenant d'une succession ou autres, appartenant à l'étranger, il est retenu, au profit du fisc, à

---

(1) Cela équivaut à dire que l'étranger, en tant qu'étranger, est affranchi de toute contribution directe.

titre de droit de détraction, 5 % des capitaux et valeurs exportés, si l'étranger a résidé en Russie moins de cinq ans, et le double s'il y a résidé au-delà de ce temps (*Ibid.* 687).

165. Cette retenue s'opère au moment de l'exportation, et avant d'y avoir satisfait, l'étranger ne peut quitter le territoire de l'empire (*Ibid.* 688).

166. Sont exceptés :

a. Les savans étrangers appelés à l'enseignement en Russie (Régl. du comm. VI, 1034, 1045).

b. Les sujets des puissances avec lesquelles le droit de détraction a été réciproquement aboli, et dont suit la désignation : Angleterre, Autriche, Bade, Bavière, Danemark, Espagne, France, Hanôvre, grand-duché de Hesse, Mecklembourg-Schwerin, Oldenbourg, Parme, Prusse, Reuss-Schleitz, Reuss-Lobenstein, Reuss-Ebersdorff, Sardaigne, Saxe-Altembourg, Suède (pour les biens successoriaux), Suisse, Toscane, Wurtemberg (Régl. de l'enreg., v. 689).

Droits de douanes.

Dispositions générales.

167. L'étranger ne peut exciper de l'ignorance des lois et réglemens de douanes (Régl. de Douanes, VI, 1161).

168. Nul, sans distinction de rang, ne peut franchir la frontière, soit pour entrer dans l'empire, soit pour le quitter, sans s'être soumis à la visite douanière (*Ibid.*, 936).

169. Sont exceptés les ambassadeurs, ministres, chargés d'affaires et courriers des puissances étrangères, les membres du corps diplomatique accrédités auprès de la cour impériale, les fonctionnaires attachés aux missions, les envoyés extraordinaires (*Ibid.*, 937).

170. Toute autre personne arrivant, soit par terre, soit par eau, est tenue de déclarer les effets et objets qu'elle apporte, au premier cas, verbalement; au deuxième cas, en en donnant l'état au capitaine, et de les mettre à la disposition de la douane (*Ibid.*, 945, 946).

171. La douane laisse passer les effets susceptibles d'entrée en franchise des droits (*voir* n° 175), et dresse un état, signé du voyageur, de ceux qui sont sujets aux droits ou à la confiscation (*Ibid.*, 948).

172. Les agens des douanes doivent observer, dans leurs rapports avec les voyageurs, la politesse et les égards qui leur sont dus, et s'abstenir de toute vexation. Réciproquement, ils ont droit à être traités avec les égards dus à un employé dans l'exercice de ses fonctions (*Ibid.*, 968).

173. Les règles concernant les effets de voyage, exposées ci-dessous, doivent être affichées dans les bureaux et notifiées aux voyageurs dès leur arrivée (*Ibid.*, 969).

174. L'étranger poursuivi pour contrebande ou corruption d'employés est excusable, si la valeur des marchandises introduites ne dépasse pas 500 roubles (*Ibid.*, 1162).

Effets de voyage.

175. Sont réputés effets de voyage les effets à l'usage particulier et domestique, y compris le numéraire, que le voyageur a avec lui dans sa voiture, et qui ne dépassent pas la quantité licite (*Ibid.*, 943, 953).

176. Sont admissibles en franchise des droits et sans distinction d'objets prohibés et permis :

a. Les *fourrures* disposées en vêtemens;

b. Les *vêtemens et chaussures* qui ont servi, sans limitation;

c. Le *linge* cousu, marqué et employé ;

d. La *vaisselle* d'argent, faïence et autre, savoir : une demi-douzaine d'ustensiles composant le service de table, une pièce de chaque ustensile de cuisine et office ;

e. Les *montres* de poche, *tabatières*, *épées*, et autres objets de *quincaillerie* et *joaillerie*, deux pièces par personne ; *pistolets*, une paire par équipage ; *armes à feu*, une pièce ; *parures de femme* qui ont servi, sans fixation de limite ;

f. Les *pendules*, *bronzes*, et tous effets d'*ameublement* et *ornement*, une pièce, ou, selon la nature de l'objet, une paire par famille ;

g. Tout objet non spécifié, mais destiné par sa nature à l'usage particulier du voyageur, deux pièces ;

h. *Comestibles* de voyage, sans fixation de limite ;

i. *Malles*, *valises*, *coffres*, contenant les effets du voyageur, sans fixation de limite ;

k. *Equipages*, un par deux maîtres. L'entrée d'équipages par eau est interdite, à moins qu'ils n'aient été fabriqués en Russie (*Ibid.*, 949).

177. Les effets dépassant cette quotité sont divisés en deux classes : les effets qui ne cessent pas d'avoir la nature d'effets de voyage, et les marchandises. Les premiers sont assujettis à l'acquittement des droits d'importation ou de prohibition, si ces derniers droits ne dépassent point 25 roubles ; les autres aux réglemens généraux concernant l'expédition des marchandises (*Ibid.*, 950, 952, 955).

178. Le voyageur qui ne serait pas disposé à acquitter ces droits, peut réexpédier hors des frontières le surplus d'effets, ainsi que les marchandises non prohibées (*Ibid.*, 965).

179. Les effets trouvés dans des caches, doubles-fonds, creux et autres lieux secrets, sont confisqués sans amende ;

si les caches étaient pratiquées exprès et avec artifice , tels que creux d'essieux, de timons , etc., les objets sont confisqués, et il sera prononcé une amende (*Ibid.* 957, 960).

180. Ne sont pas réputés effets de voyage, les effets qui ne se trouvent pas dans la voiture occupée personnellement par le voyageur, mais dans des voitures séparées, ainsi que ceux qu'il aurait expédiés séparément. Cependant le ministre des finances est autorisé à en permettre l'introduction en franchise , jusqu'à la concurrence de 3,000 roubles ass. de droits d'importation (*Ibid.* 953 , 963).

181. Les domestiques accompagnant leurs maîtres ne peuvent introduire , à titre d'effets de voyageur, que le linge de corps et hardes à leur usage. Ils peuvent introduire les autres objets, jusqu'à la concurrence de droits qui ne dépassent pas 10 roubles pour les objets permis, et de 5 roubles pour les objets défendus (*Ibid.* 974).

182. Les voituriers étrangers ne peuvent introduire en franchise que les effets indispensables à leur usage particulier (*Ibid.* 977).

183. Les postillons étrangers arrivant à la station ne peuvent introduire en franchise que les vêtemens dont ils sont couverts (*Ibid.* 978).

Envois et paquets.

184. Tout voyageur porteur de paquets destinés à des particuliers, est tenu à les soumettre à la visite de la douane et à en acquitter les droits. Si le porteur s'engage à l'expédition à une douane centrale, et dépose un cautionnement de 5 roubles arg. par livre brut , le paquet est garni de plombs et remis au porteur (*Ibid.* 985).

3

Livres.

185. Les douanes doivent apporter la plus grande surveillance à l'expédition des livres, d'après les principes ci–après :

a. Les livres d'heures, dictionnaires, grammaires, ainsi que les livres russes, imprimés en Russie, ne sont assujettis à aucun contrôle.

b. Les livres que le voyageur apporte pour son usage particulier, sont laissés à sa disposition, après qu'il en a été dressé un état exact, à la charge par le voyageur de les soumettre, lors de son arrivée, au comité de censure.

c. Les livres en langue polonaise et russe, publiés hors de Russie, sont soumis à un réglement particulier.

d. Les journaux, écrits et recueils périodiques sont transmis par le bureau de douane à celui de poste.

e. Tous les autres livres sont directement expédiés au comité de censure (*Ibid.* 996, 998, 1000).

Lettres.

186. Les lettres arrivant par eau sont remises par le capitaine du bâtiment à l'inspecteur maritime, lequel les transmet à l'autorité postale du port, contre une indemnité de 20 cop. par lettre, payable au capitaine (*Ibid.* 1001, 1002, 1005, 1009).

187. Toute lettre soustraite est passible d'une amende de 25 roubles ass. (*Ibid.* 1007).

188. Si un passager désire remettre lui-même la lettre à sa destination, il acquitte la rétribution postale, et la lettre munie du timbre des postes lui est restituée (*Ibid.* 1003).

189. Toute lettre contenant des effets ou des valeurs est réputée paquet et soumise aux dispositions du nº 184. Sont

exceptées , les lettres de commerce contenant des échan-
tillons de marchandises (*Ibid.* 1011 , 1013).

Dispositions exceptionnelles.

a. En faveur du corps diplomatique.

190. Les dépêches et lettres officielles apportées par des
courriers étrangers ne sont soumises à aucune formalité. Si
cependant leur volume donnait lieu à des soupçons, la douane
devrait se borner à en constater le poids sans endommager
les cachets, et à faire son rapport au département du commerce extérieur.

191. Tous paquets et envois, sans distinction du destina-
taire, sont enregistrés, pesés, plombés ou cachetés et remis
au courrier, en échange de sa déclaration de les remettre à
la douane principale de Saint-Pétersbourg (*Ibid.* 1016).

192. Les ambassadeurs , légats, nonces, envoyés , ministres et personnes accréditées auprès de la cour impériale,
ainsi que les chargés d'affaires et résidens, arrivant pour la
première fois, peuvent introduire librement et en franchise
tous les effets sans distinction ni restriction qu'eux et leur
suite ont avec eux (*Ibid.* 1021).

193. Pendant le cours d'une année, après l'arrivée de ces
personnes, tous les objets expédiés à leur adresse entrent en
franchise (*Ibid.* 1022).

194. Après l'expiration de ce terme, il leur est accordé ,
pour l'introduction des objets non prohibés, une remise des
droits d'importation, savoir: aux ambassadeurs , légats et
nonces jusqu'à la concurrence de trois mille roubles arg.;
aux envoyés , ministres et personnes accréditées auprès de
la cour impériale , de 2000 roubles arg. ; aux chargés d'af—

faires et résidens accrédités auprès du ministre des affaires étrangères, de 1000 roubles arg. Cette remise est renouvelée tous les dix ans. Elle est personnelle et ne saurait être cédée (*Ibid.* 1023, 1026, 1027).

195. Les chargés d'affaires et résidens *ad interim*, les consuls généraux, consuls et vice-consuls ne sont pas admis à jouir de ce bénéfice (*Ibid.* 1028, 1029).

196. Si, après l'expiration de l'année de franchise, les personnes désignées au n° 192 veulent faire venir pour leur usage particulier des objets dont l'introduction est prohibée, elles doivent en demander l'autorisation au ministre des finances, qui l'accorde avec exemption de droits (*Ibid.* 1025).

197. Aucun livre étranger arrivant à l'adresse d'un membre du corps diplomatique, d'un employé attaché à une des missions étrangères ou d'un consul, n'est assujetti au contrôle du comité de censure (*Ibid.* 1030).

b. En faveur des savans étrangers.

198. Les professeurs étrangers, appelés à l'enseignement dans les universités russes, peuvent, indépendamment des objets dont l'introduction est affranchie, en apporter et faire venir encore pour la valeur de 3,000 roubles ass., sans distinguer si ces objets sont prohibés ou non, s'ils portent la nature d'effets à l'usage particulier ou si ce sont des marchandises. Les douanes en permettent l'entrée, sans plombage ou autres marques particulières (*Ibid.* 1034, 1036, 1037 suppl., 1038).

199. Le privilége ci-dessus est de 2000 roubles arg., pour les professeurs de l'université de Dorpat, de la faculté de médecine de Vilna, ainsi que pour les savans appelés à

l'académie des sciences ou à l'institut pédagogique. Il comprend en outre l'introduction en franchise des livres et de toutes autres matières scientifiques, laquelle faveur est étendue à la faculté des sciences naturelles fondée à Saint-Pétersbourg (*Ibid.* 1032 suppl., 1034 suppl., 1035, 1042, 1044).

LÉGISLATION CIVILE.

Personnes.

Actes de l'état civil.

200. Les actes de l'état civil pour les cultes chrétiens autres que le culte greco-russe, sont tenus par le clergé de chaque communion (Lois fond. 46, Lois pers. IX, 948).

Mariage.

201. Le prisonnier de guerre qui a épousé une russe professant la religion dominante, ne peut point, en quittant la Russie, emmener sa femme et les enfans issus de leur mariage; il doit en outre déclarer s'il entend revenir en Russie et assurer à sa femme des moyens de subsistance. Au cas où son absence se prolongerait au delà de deux ans, il est permis à la femme de contracter un second mariage (*Ibid.* 930. Lois. civ. x. 60 rem.).

Biens.

202. L'étranger, même de condition noble, encore qu'il soit entré au service de l'état, ne peut posséder à titre de propriétaire, des immeubles fonciers, ainsi que des serfs et des terrains hors de l'enceinte des villes (*Ibid.* 873. Lois pers. IX, 908, 909).

203. L'étranger exerçant le commerce en qualité d'hôte étranger (*Voir* n° 233), peut acquérir des immeubles urbains (*Ibid.* 906).

204. L'étranger peut devenir concessionnaire d'une exploitation de mines (Régl. des mines VII, 166).

Modes d'acquérir la propriété.

Succession.

205. La qualité d'étranger n'enlève pas la capacité de suc-
céder (Lois civ. x, 671, n° 1).

206. La loi commune régit la succession dévolue à des
étrangers, sous les modifications suivantes:

a. Il est accordé aux héritiers de l'étranger décédé en Russie, s'ils habitent hors du territoire de l'empire, un délai
de deux ans à partir de la sommation faite par la voie des
journaux paraissant en langue allemande, pour prendre qualité d'héritier; ce délai ne devient fatal qu'à l'expiration de
la prescription décennale.

b. Si, dans la succession, sont compris des immeubles à
serfs, l'héritier est tenu de les vendre, dans le délai de six
mois, à une personne apte à devenir acquéreur, faute de
quoi ils sont dévolus à l'état, sans indemnité.

c. Les meubles peuvent être exportés, sauf le droit de
détraction, dans le cas où ce dernier n'est pas abrogé (*Ibid.*
768, 805, 1652, Lois pers. IX, 914).

207. La succession aux rentes inscrites sur le grand livre
au nom d'un étranger décédé hors de Russie, est réglée par
la législation sur le crédit public (*Voir* n° 221).

Testamens.

208. L'étranger peut disposer par testament au profit
d'un étranger ou d'un sujet russe (*Ibid.* 913).

Contrats.

209. Il peut passer toute espèce de contrats, engagemens

et conventions, soit avec un étranger, soit avec un indigène, pourvu que l'engagement, s'il doit sortir ses effets
dans l'empire, soit, dans sa substance et dans sa forme, conforme à la législation de l'empire (*Ibid.* 912).

210. Le trafic d'esclaves amenés de l'étranger est interdit
(Lois civ. x, 875).

211. Pour la prise à gages de domestiques et gens de
louage, l'étranger est assimilé à la classe des bourgeois (Lois
pers. IX, 907).

212. L'étranger qui n'est pas inscrit à une corporation
de commerce ou autre, ne peut soumissionner envers le
trésor ; s'il fait valoir une manufacture , il ne peut soumissionner que pour les produits de son industrie (Lois civ. x,
1140. , Régl. manuf. XI, 127).

Actions.

Compétence.

213. Les contestations judiciaires entre les sujets russes
et les étrangers suivent la loi commune , tant pour le réglement de compétence , que pour le mode de procéder (Lois
civ. x., 2263).

214. Toute autorité saisie d'une réclamation quelconque,
élevée contre un individu attaché à une mission étrangère,
doit la transmettre au ministre des affaires étrangères (*Ibid.*
1489 , 2298).

215. Aucun jugement ne peut être mis à exécution dans
les hôtels occupés par les ambassadeurs et envoyés diplomatiques, autrement que par l'intermédiaire du même
ministre (*Ibid.* 2024 , n.° 2).

Preuves.

a. Par titres.

216. Toutes les fois qu'un étranger produit une pièce en langue étrangère, il est obligé d'y annexer une traduction faite sur papier timbré, analogue à la pétition introductive d'instance (*Ibid.* 1744, 2296).

b. Par témoins.

217. La qualité d'étranger ne donne pas ouverture à reproche, excepté lorsque le genre de vie ou le domicile du témoin n'est pas suffisamment constaté (*Ibid.* 1751, 1779, n° 7, 2297)..

218. L'étranger entendu comme témoin prête serment d'après le rite de son culte (*Ibid.* 2297).

LÉGISLATION COMMERCIALE ET INDUSTRIELLE.

Effets publics.

Inscriptions sur le grand-livre.

219. Tout étranger peut devenir acquéreur d'une inscription de rente perpétuelle (Régl. de créd. XI, 85).

220. Le service de la rente s'effectue sans interruption en paix comme en guerre, sans distinction si le titulaire est sujet d'une puissance amie ou ennemie (*Ibid.* 86).

221. En cas de décès du titulaire, l'inscription est transmissible à ses héritiers, d'après les lois du pays auquel il appartient (*Ibid.* 87, Lois civ. X, 740, n° 5, 746).

222. Le transfert des inscriptions en pays étranger par un étranger, n'est assujetti à aucune autre formalité qu'au visa du consulat russe. Lorsque le cessionnaire veut se

mettre en mesure de percevoir la rente, il doit au préalable, faire opérer la transcription de son transfert sur le grand-livre. A cet effet, le vendeur fait, au ministre ou consul de Russie, la déclaration portant consentement à ce que tout ou partie du titre inscrit en son nom sur le grand-livre soit porté au nom du cessionnaire ; le cessionnaire fait, dans la même forme, une déclaration analogue ; le tout est immédiatement transmis à la commission d'amortissement séant à St.-Pétersbourg (Régl. du créd. XI, 115, 122, 123).

223. En cas de perte arrivée hors de Russie, d'un certificat d'inscription, le titulaire doit faire sa déclaration devant l'autorité locale, indiquer la date, le numéro et le montant de l'inscription, et se faire délivrer double expédition de son procès-verbal de déclaration; l'une est transmise à la commission d'amortissement, l'autre au consulat du pays et vaut opposition à la légalisation des transferts (*Ibid.* 143).

224. La commission fait les publications usitées, dans les journaux des deux capitales, et dans deux au moins des journaux paraissant à l'étranger, et, en outre, elle porte l'événement à la connaissance de tous les consulats de l'empire (*Ibid.* 144).

225. Si dans le délai de dix-huit mois, la commission ne reçoit aucun renseignement, le certificat égaré est censé annulé, et il en est délivré un nouveau (*Ibid.* 145).

226. Si, avant la notification de la perte, la commission avait opéré la transcription, cette opération serait valable, et l'ancien titulaire aurait la voie des tribunaux pour exercer ses poursuites contre qui de droit. Au cas où le certificat d'inscription viendrait à être présenté, soit à la commission, soit au consul, après la notification, le certificat est

retenu contre quittance délivrée au porteur, et il en est
donné avis au titulaire réclamant (*Ibid.* 147).

Obligations de banque.

227. Les capitaux étrangers en numéraire, en assignations
de banque, en lingots ou valeurs d'or et d'argent, sont admis en placement ou en dépôt à la banque hypothécaire et
à la banque de commerce. Nulle autorité ne peut y porter
atteinte et en disposer à son profit, soit en en ordonnan-
çant la mise en paiement, soit par mandat de délégation,
soit à titre d'emprunt, soit par application aux dépenses de
l'état, soit enfin à titre de confiscation pour quelque crime
que ce soit, encore que la puissance dont le déposant est
sujet soit en guerre avec la Russie (*Ibid.* 231, 232, 240,
602, 605, 616 suppl.).

Commerce.

228. L'étranger, sans distinction de sexe, ne peut exercer le commerce, s'il n'a pas prêté serment de sujétion, et
obtenu son inscription dans une des trois corporations des
marchands (1) (Régl. du comm. xi, 8, 22, 133. Régl. de
l'enreg. v, 433. Régl. de douan., vi, 817. Lois pers., ix,
905).

229. Sont exceptés :

a. Les artistes étrangers pour la vente de leurs ouvrages
Régl. du comm. xii, 122, 146, § 2. Régl. des douan.,
vi, 817).

---

(1) Le commerce en Russie forme une classe à part, qui se divise en
trois corporations *ou guildes*, selon l'étendue des opérations, le montant
du fond commercial et des impositions acquittées de ce chef. Voir, pour
de plus amples détails, la *Revue étrangère*, II. 673.

b. Les étrangers faisant le commerce de bêtes à cornes (Régl. du comm., XI, 292).

c. Les fabricans de machines, appareils, matières chimiques et drogues à peindre et à teindre, pour la vente de ces productions, sur les lieux mêmes de la fabrication (*Ibid.* 293. Régl. manuf., XI, 83).

d. Les contre-maîtres et matelots, pour la vente en détail des objets ci-aprés désignés : fruits verts, légumes frais, poisson fumé, graines oignons et plantes d'horticulture, oiseaux vivans. Tout autre objet ne peut être vendu qu'en gros et à des marchands (Régl. des douan., VI, 425, 815, 816. Régl. du comm., XI, 146, n° 3).

e. Les maquignons étrangers, pour l'achat des chevaux, soit aux foires, soit aux haras, le transport dans toutes les parties de l'empire et l'exportation hors des frontières (Régl. des douan., VI. 944 suppl).

f. L'étranger exerçant le commerce en gros en qualité de *marchand forain* et d'*hôte étranger* (Lois pers., IX, 905).

230. Est réputé *marchand forain*, l'étranger qui met à profit la faculté d'exercer le commerce pendant un an, à partir de son arrivée, sous les restrictions ci-après : il ne peut mettre en vente que la cargaison importée par lui-même ; il ne peut faire la vente qu'en gros, à la bourse ou dans l'enceinte du bureau de douanes et non dans l'intérieur de la ville ; il ne peut vendre qu'à des marchands des deux premières guildes et acheter d'eux les produits fabriqués en Russie. Toute autre espèce de négoce en gros ou en détail lui est interdit (Régl. des douan., VI, 806, n° 2, 814. Régl. du comm., XI, 115, 116, 139, 143, 145).

231. Le marchand forain, pendant les six premiers mois

de son séjour, est affranchi de toute imposition ; passé ce délai, il est obligé de prendre une inscription à la deuxième guilde, et d'acquitter les redevances municipales et foncières, sans que toutefois cette inscription entraîne la nécessité de se faire naturaliser ; il peut alors faire venir des marchandises de l'étranger, et les mettre en vente, en se soumettant toutefois aux restrictions imposées par l'article précédent (Régl. de l'enreg., 450, 451, 531, n° 3. Régl. de douan., VI, 813, 814. Régl. du comm., XI, 5, § 2, 140, 141).

232. Passé le délai d'une année, le marchand forain est obligé, soit de prendre la qualité d'hôte étranger, soit de quitter l'empire, soit enfin d'y rester en qualité d'étranger non commerçant (Régl. de douan., VI, 812).

233. Est réputé *hôte étranger,* l'étranger qui, dans la vue d'exercer le commerce en gros, prend une inscription à la première guilde. Cette inscription n'entraîne pas la naturalisation ; elle confère un droit de bourgeoisie incomplet ; elle affranchit de la capitation, et assujettit d'ailleurs à toutes les charges qui grèvent les négocians indigènes de la première classe (Régl. de l'enreg., V, 445, 447, 451. Régl. des douan., VI, 806, n° 2. Régl. du comm., XI, 116, 129, 142).

234. L'hôte étranger ne peut exercer le commerce que sous les restrictions suivantes : il ne peut le faire que dans une ville frontière ou maritime (*Ibid.* 115, 126); il ne peut faire que le commerce en gros ; il lui est défendu de faire le commerce en détail, soit directement, soit par l'entremise des personnes interposées (*Ibid.* 110, 133, 134); son commerce est borné uniquement à l'importation de l'étranger, et à l'exportation pour l'étranger ; ce qu'il achète

dans le pays ne peut y être revendu (*Ibid.* 119, 131 , 132);
il ne peut vendre ou échanger sa marchandise qu'à des marchands des deux premières guildes ou à des colons dûment
autorisés (*Ibid.* 118); il ne peut l'expédier dans l'intérieur
de l'empire, si ce n'est aux trois grandes foires qui s'y tien-
nent (*Ibid.* 130); il ne peut, ni ouvertement, ni clandes-
tinement commercer avec un étranger (*Ibid.* 117, 119);
les achats pour l'exportation doivent se faire par l'entremise
des commerçans russes (*Ibid.* 131); il ne peut tirer, accep-
ter ni endosser des lettres de change, qu'en faveur des commerçans des deux premières guildes (*Ibid.* 138); il peut
cependant faire des opérations de change et de banque pour
l'extérieur (*Ibid.* 137); il n'est assujetti à aucune limitation
quant au montant des capitaux employés dans son commerce
(Régl. de douan., VI, 807).

235. Le marchand forain ainsi que l'hôte étranger, peuvent tirer directement de l'étranger les marchandises à leur
usage (Régl. du comm., XI, 127).

236. L'hôte étranger qui a omis de renouveler son inscription dans le délai déterminé, est déchu de la faculté
d'exercer le commerce (Régl. de l'enreg. V, 449).

237. Toute infraction aux réglemens sur l'exercice du
commerce commise par un étranger, est punie d'une amende
double de celle infligée aux indigènes (*Ibid.* 549. Régl. des
douan. VI , 816. Régl. du comm. XI , 120 , 147.

238. L'étranger ne peut s'engager en qualité de commis
principal, soit chez un négociant russe, soit chez un étranger exerçant le commerce à titre d'hôte étranger ou de marchand forain, à moins d'avoir lui-même la qualité d'hôte
étranger (*Ibid.* 190).

239. Il peut s'engager en qualité de commis pour remplacer le patron dans les expéditions douanières, à la condition de prendre la patente de commissionnaire de première classe, d'acquitter de ce chef la rétribution annuelle de 5o roubles, et de s'abstenir de commercer pour son propre compte (Régl. de l'enreg. v, 468. Régl des douan., vi, 83o 835).

240. L'étranger qui travaille dans une maison de banque, pour étudier le commerce, ne peut être employé que dans l'intérieur des bureaux (Régl. du comm. xi, 191).

Industrie.

Manufactures.

241. L'étranger qui désirerait importer en Russie, ses capitaux, arts et métiers, a la faculté d'y fonder des fabriques et autres établissemens, et de débiter les produits de son industrie, à la charge de se faire inscrire dans l'une des corporations commerciales et d'acquitter les rétributions, sans que cette inscription entraîne, pendant les premières dix années, la nécessité de se faire naturaliser (*Ibid.* 124. Lois pers. ix, 910. Régl. des manuf., ix, 85).

242. Le ministre des finances peut affranchir l'industriel des impositions *guildaires* pendant trois ans: un sursis plus considérable ne peut être accordé que par décision suprême délibérée en conseil des ministres (Régl. de l'enreg., v, 480, 481).

243. L'hôte étranger peut, avec l'autorisation suprême, établir, acquérir ou exploiter des fabriques et manufactures. Dans ce cas, il jouit de la faculté de faire venir, soit directement, soit par l'intremise d'un négociant russe ou

étranger, les machines, ustensiles et matériaux nécessaires à son exploitation; de débiter en gros, sur les lieux ou dans les villes, les produits de son industrie et de les expédier à l'étranger (Régl. du comm., XI; 135, 136).

244. L'étranger peut devenir concessionnaire d'un brevet d'invention de perfectionnement ou d'importation à l'égal de l'indigène (Régl. des manuf., XI, 65 Supp.).

Arts et Métiers.

245. Tout artisan étranger, qu'il arrive pour un sé- jour temporaire ou permanent, est tenu de se faire inscrire dans les maîtrises étrangères, en qualité de maître, sous-maître, ou apprenti (Régl. de pass. XIV, 348).

246. Cette inscription peut être prise dans toutes les villes de l'empire, sous la confirmation des chambres des finances; elle n'entraîne point la naturalisation, mais elle rend l'artisan étranger de plein droit sujet aux réglemens et charges à l'égal des indigènes (Régl. du comm. XI, 25. Régl. des manuf., XI, 356, 359, 431).

247. Les artisans nouvellement arrivés sont affranchis de toute imposition pendant trois ans (Régl. des contr. V, 435, 445).

248. Passé ce délai, ils sont soumis à une imposition en remplacement de la capitation et du recrutement; cette imposition varie selon les localités, de 150 à 200 roubles par an. Elle ne frappe que sur les maîtres; les sous-maîtres, les apprentis en sont affranchis (*Ibid.* 432, 433, 446).

249. Sont affranchis des inscriptions aux maîtrises et de toute imposition, les étrangers munis de permis de séjour réguliers qui travaillent dans les fabriques et manufactures

(*Ibid.* 446. Régl. du comm. , xi, 126 ; Régl. des manuf. xi, 79).

250. Les rapports entre l'étranger qui s'engage au service d'une manufacture, et l'entrepreneur, sont réglés d'après la convention qui doit être écrite et enregistrée ; si elle est verbale, le maître et le domestique n'ont pas réciproque-ment d'action pour en poursuivre l'accomplissement (*Ibid.* 76 ; Lois civil. x, 1415, 1416).

251. Le contrat de louage ne peut se prolonger au delà de la durée du passeport, et en aucun cas, ne peut dépasser le terme de cinq ans (*Ibid.* 1405, 1407).

LÉGISLATION PÉNALE.

Pénalité.

252. L'étranger qui a justifié de sa condition noble, ne peut être puni de la fustigation (Lois pers. ix, 903. Lois pén. xv, 85).

253. Il est détenu séparément de la basse classe (Régl. pénit. xiv, 20).

254. La peine du bannissement n'est prononcée que contre les étrangers, soit par jugement, soit par ordre du gouvernement (Lois pén., xv, 65).

255. Les charlatans étrangers sont renvoyés hors des frontières ; il en est donné avis à l'administration du pays dont ils sont sujets, et au public (*Ibid.* 343 rem. Régl. sanit. xiii, 98).

Compétence.

256. Les étrangers domiciliés, résidant en Russie, sont soumis à l'action des lois pénales, et justiciables des tribu-

naux du pays , à l'égal des régnicoles (Lois pén. xv, 173;
circ. minis. 3 mai 1833).

257. Sont exceptés : les ambassadeurs, envoyés, ministre , et agens diplomatiques. En cas d'infraction commise
par ces personnes, il en est déféré, par voie diplomatique,
au gouvernement dont elles relèvent (*Ibid.* 174).

258. Les domestiques étrangers, au service des personnes
jouissant de l'exemption, sont mis, en cas d'infraction , à
la disposition du ministre des affaires étrangères (*Ibid.* 175).

259. Si, en cas de rixe et de tumulte, on se saisit d'un
étranger au service d'un personnage diplomatique, il est
renvoyé sur le champ à son maître , sans subir aucune punition (*Ibid.* 175. Régl. prévent. , xiv, 295).

260. Les militaires faisant partie des troupes alliées russes à l'étranger, et des troupes alliées étrangères en Russie,
sont jugés d'après les lois de leur pays. En cas d'un conflit
entre les militaires de deux pays, on institue une commission mixte, qui procède d'après le même principe (Lois
pén. xv, 181).

261. Les étrangers sont admis à déposer en qualité de
témoins à l'égal des régnicoles, à l'exception de ceux dont
le genre de vie est inconnue (*Ibid.* 946, n° 7).

TABLE DES MATIÈRES.